구원의 대답은 그럼에도

2021

이광호 07

2019

\

2021

벗어나지 못하는 중력이 있다.

인간이기에 갖는 외로움, 꿈과 고민, 거대 힘과 구조, 타인의 기대와 실망, 스스로 갖는 죄책감과 책임감 (…) 존재함으로 존재하는 벗어날 수 없는 수많은 것들.

중력에 짓 눌려 쓰러지고 싶지 않았다.

누군가를 붙잡거나 무언가를 디뎌야 버틸 수 있었다.

그 누구와 무엇에 대한 것들을 쓰고 엮었다.

규칙성 없이.
단 한 번도 규칙적인 적 없던 내 중력처럼.

2021년 11월.
이광호.

구원의

대답은

그럼에도

연필의 꿈

깎여야 쓰이는 연필, 연필의 꿈은 눈금자

몸에 눈금을 그려봐도 잴 수 있는 것은 고작 한 뼘

쓰일수록 줄어드는 잴 수 있는 것들

하인

가만히 있다 보니 시간이 했다

내가 한 것 없어서 내 것이라 부를 수 없었다

여기 주인 잃은 노인들이 운다

청춘

희망의 미로

그려진 슬픔의 궤적

젖은 발자국에서 돋아나는 싹

가을 아침

갈아입은 공기

세수 끝낸 새소리

주저하고 싶지 않은 다정함

몽돌해변

아무리 부딪혀도

아픈 것 하나 없는 소리에

은알 구르듯 굴러가는 모난 시간들

그럼에도

구원의 기도문을 외운다

살아남은 자들의 비밀

죽은 자들이 잃어버린 언어

놀이유감

유치원 앞 카페

노키즈 존

가부장적인 소꿉놀이여

부채질

내 흐르는 땀에서 걷는 아버지

기쁨의 조우

슬픈 도망

해무

소리 잃은 영혼

흐른다 흘렀다 흘러있다

돌아갈 곳 없는 자유의 괴로움

가을 산책

차박 차박

편지로 된 강물

가로수 황혼

서울

도시 건물

처마도 닫혀있어

비 피할 곳 없네

소명

처연하게 달려있는 별 하나

안쓰럽다

나를 위해 떠 있나

노을

하루의 문지기

불태운 공장에 대한 경례

오렌지 묵념

엄마 생각

아내가 살 발라준 갈치

그 맛에 감탄할 때마다

자꾸 목에 걸리는 가시

여름 밤

빈 기쁨

시시한 걸음

허밍의 생일

빈 둥지

공허한 암흑 물속

시간은 영원과 같고

할 것도 할 수 있는 것도 아무것도 없다

연예인

품앗이 펜트하우스

현관에 감시카메라 작동 중

단 한 번 탈출 기회는 추락

연예인 2

교주가 만들지 않은 경전과

경전의 규율 지켜야 하는 단 한 사람

목을 조르는 찬송가여

국회의사당

밤하늘의 별을 따다

정오의 사람들 등에 붙인다

세상이 고루 빛난다

노인

물이라곤 연못의 고인 물

약수터는 멀구나

서러운 여름의 단수

낙엽

떨어진 잎은 과거형

버림받은 곳 어귀에 머무는 미련

그리움의 원인이라

서울 야경

강 건너 빌딩에 박제된 별빛들

혈안으로 줄 서 있는 누군가의 꿈

육교에서 보이는 장경

하여가

흉내 낸 모양의 의자

벌거벗은 엉덩이

사재기 가짜 유행가

단심가

예술가의 자위

신실한 사이비 신도

낭만의 갈라파고스

여름 비

은빛 박수 소리

세상은 젖어있는데

내 몸은 말라 있다

인연

다가오는 조각구름에

기대하는 뭉게구름

구름은 이제 어디로 흐르나

간판들

우글거리는 경쟁

소리 지르는 이기

도시의 랜드마크

부산

파도치는 도시

억센 낭만 걸치고

그 위에 소주 걸치고

편견

큰 건, 엄마 갈매기

작은 건, 아기 갈매기

걸어오는 작은 우리 엄마

아류

리단길 리단길

이름 뺏긴 복제된 거리

원조 가격 급등 뉴스

행복 공사

행복 만든다는 사람

만드는 시간은

얼마나 불행한가

행복 공사 2

공사장 옆 소음과 분진

사방의 펜스는 접근금지용

입구에는 경고문

희망

빌딩 위 쇳소리

젖혀 본 하늘

철원의 새떼 여기에도 있구나

겨울 비

굳이 마른 가지 끝에도

맺히는

빗방울

봄 제주

길에 심은 꽃은 누구의 마음

들에 핀 꽃은 누구의 마음

그게 무엇이든 상관없는 섬

세잎클로버

하루의 모든 시간 반짝이는데

그 귀한 시간 어찌 쓸까 고민도 없이

취한 듯 통과해버려도 아깝지 않은 하루

미련

희망의 다른 이름

살게 하는 허위

첫눈 같은 거짓말

루테인

눈이 도시를 덮는다

아파트 동 보던 사람

아파트 단지를 본다

소나기

목을 맸다가도

내일 죽어야지

빨래 걷어줄 사람 없어서

프로이트

헛된 꿈과 가능한 꿈

꿈은 어쨌든 사라지고

꿈은 꿈이고

무제

아무것도 없던 차원에 내가 올라선다

차원은 일그러진다

공간이 생겨나고 시간이 움직인다

무제 2

없는 제목 뒤에는 제목이 있어 보인다

있어 보인다는 건, 있거나 없거나

관람자에서 이미 탐색자가 되기로 한 결심

무제 3

없다고 써 놓은 제목

끝내 찾아 헤맨다

처음부터 없었고 없길 바라고 없어야 한다

무제 4

텅 빈 제목

그래서 꽉 찬 제목

모순은 언제나 만능

아파트

노인들의 금고

무관심의 체계

살기 좋은 아우성

약속

이사하는 마음에

제일 먼저 버려진

고물

겨울 아침

작별을 준비하는 준비의 고요함

각오로 번지는 입김

아주 오래된 약속처럼 언 땅

아인슈타인

다섯 살 조카도

시간 없다 하네

부자는 있는 걸까

4등

몇 번째의 눈

세어주지 못해 미안해

상관없이 세상을 덮는 눈

이웃

아랫집 현관

우유 쌓여있네

하면서 걱정만

미술관

항성의 광선

수신을 기다리는 외계의 신호

수신자의 탄생과 생겨나는 항성 간의 교량

프루스트 마들렌

다가오는 몸집만한 외로운 책가방

내 손에 들려지는 신발주머니

발에 박힌 가시 빼주던 엄마의 바늘

사고

인사를 하자

사람들이 반기거나 욕을 했다

이미 게임에 참여한 뒤였다

지망생

열 달 채워도

못 나오는 태아

산모 죽이네

생과 사

일을 이름으로 쓰는 일벌도

작별의 슬픔을 가진 이들도

꽃 앞에선 잠시 멈춰선다

새벽

모든 그림자 거리에 가라앉고

나만이 전능한 틈 같은 시간

어디선가 들리는 먼 발소리

깃발과 벽

개인의 경험이 확장되면

다수의 경험이 되고

비로소 벽은 허물어진다

경포대

어느 사랑의 유배지

아, 어린 사랑이여

나 여기 서 있다

가을 채근

정지된 가구들 속에서

이러지도 저러지도 못하는데

창밖의 나무들은 옷부터 갈아입었구나

위로

상처 입어 안 판다는 리시안셔스

헐값에 데려와 화병에 꽂으니

저녁 웃는다

에스시탈로프람

감성 캠핑 몇백만 원짜리 사진

중고차 포르쉐 몇천만 원짜리 사진

수상 없는 전시 대회

인간 실종

대체 가능한 나 그리고 너

우리는 동전을 만들어야 해

너를 찾을 수 있는 나를 구별할 수 있는

경주

천년 전 무덤 앞

아기 울음소리

경계 없는 도시

봄 비

창문 닫아도

젖네

우산은 시집

결혼행진곡

누군가에겐 시상식

누군가에겐 졸업식

또 누군가에겐 입학식

여름 굴레

초저녁에도 환한 구름

실종된 온기와 가시지 않는 열기

그저 달을 기다리는 마음

마음

오래된 빈집

폴폴 쌓이는 눈에도

무너지네

마음 2

연한 달 아래 매달려 있는 연시

쓰려고 보니, 너무 뾰족한 연필

건드리지 못할, 연한 것 투성이 연말

수학여행

한데 어울려 다이빙 하던 그 여름

이제는 폐쇄된 각자의 수영장 앞에서

품고 있는 추억을 위해 기쁨의 건배

전세살이

우리 집 크리스마스 대형 트리

대형이니 오너먼트도 명품 세라믹

빌린 돈으로 빌린 우리집 크리마스 대형 트리

벽시계

미래는 기억하지 못하는 일

현재는 기억의 순간

과거는 기억으로 만든 차원의 형체

자기 혁명

파란 불에도 가지 않아 보는 것

빨간 불에도 달려가 보는 것

뒤틀릴 나의 오랜 기다림이여

신사임당

아이가 엄마의 계획이 될 때

얽매여 슬픈 건, 아이가 아니라 엄마라

그런 엄마가 가여워, 아이는 운다

봄 산책

작은 것이 주인공인 계절

기어코 열린 문

발목 아래 풀

밀림

가진 것 많은 사자가 늙고 병들 수록

엄격해지는 규칙과 질서

벗어나면 가장 하찮은 것들

슬픈 우리 젊은 날

너는 예뻐 칭찬 돈 주고 사는 시대

수고했어라는 격려도 없는 시대

거리로 쏟아지는 좌판들

모순

비운다는 사람

무엇을 얻으려고

비워져 있는 것, 제일 귀한 것 아닌가

한봄 밤의 꿈

지붕 없는 자전거 보관소

온몸으로 꽃비 맞는 자전거

열쇠 기다리는 자물쇠에 내려앉은 벚꽃잎

세월

엄마의 안부에

낮은 바쁘거나 차가 막힌다고

도착한 새벽에는 주무시는 엄마

게임

내 안의 벌레

내가 할 수 있는 건

다른 먹이를 주는 것

농부가 되어

나태한 시간에

외로움을 심는다

나는 거두기만 하면 된다

어부가 되어

그물 들고

우글거리는 도시로 나간다

나는 건지기만 하면 된다

시지프스

진실에 다가가고자 하는 욕망

다가갈수록 또렷해지는 부끄러움

포기할 수 없는 나의 슬픈 저주여

광화문

이순신 동상 옮긴다고

오른쪽으로 왼쪽으로 오래된 줄다리기

시소 위 아이의 한숨

에덴동산

황소 엔진과 가죽 가방 사이

괴물 같고 여우 같은 순간들

악과 차악 속에서의 최선

오월의 장례식장에서

일일이 사람들 어깨에 떨어지는 비

토닥 토닥

하늘에서 온 눈물이 여럿 등을 쓸어내린다

새해 다짐

문을 닫고 여는 세레머니

잠깐의 표정 연기

거울을 설득하는 일

동국사에서

기와에 소원을 쓴다 남들과 똑같은

이토록 소원하면서 부처에게만 의지하는구나 하다가

나머지는 내가 할 수 있는 것들이구나 하고 해탈한다

제주도의 선물

우연의 아름다움이라기엔

내가 있는 곳이 용담해안도로

어떻게든 만나는 이런 순간

여름의 시

매미의 뜨거운 울음소리 듣는다

한 번도 써 본 적 없는 시를 읽는 마음으로

몇 년의 기다림인가, 며칠의 절박함인가

타협

싫어하던 음식엔

내게 부족한 영양소 있네

내가 아팠던 이유인가

피카소

멀리 아주 멀리

더 멀리

낯선 외로움뿐인 그곳이 시작의 땅

수학적 진리

그게 뭐가 그렇게 중요할까

웃는 게 제일이지

결국 웃기 위한 것들인데

일상 여행

쳇 베이커 트럼펫과 아드벡 10년

이런 것들이 다 무슨 소용인가 싶다가도

이런 것들이 나를 또 쓰게 한다

정규코스 레이스

줄 선 식당과 줄 선 꽃밭

같은 포즈와 같은 가구

누가 달아도 이상하지 않을 이름표

응급실

너무 열심히 살아서 너무 많은 일을 해서 너무 많이 아팠네

너무 열심히 살 수밖에 없다는 생각도 너무 열심인 거라

좀 쉬면 좋겠는데, 쉬는 것도 너무 열심이네

겁과 길과 병과 약

여름에 벗은 매미 허물

단풍 지는 나무에도 아직 붙어있다

나는 여태 그걸 보고 있다

에필로그

온 마음 뒤흔드는

아이의 깨끗한 노래

걱정되는 지난 내 얄팍한 잔꾀들

최선의 용기이자 최고의 영광이여

이광호 (李光浩)
1989. 12. 24 ~

-

〈당신으로 좋습니다〉
〈그 당시〉
〈사랑하고 있습니다〉

《숲 광장 사막》

《이 시간을 기억해》
《내가 나를 간직할 수 있도록》
《우리는 영원을 만들지》
《아름다운 사유》
《흰 용서》
《사랑의 솜씨》
《구원의 대답은 그럼에도》

01	이 시간을 기억해
02	내가 나를 간직할 수 있도록
03	우리는 영원을 만들지
04	아름다운 사유
05	흰 용서
06	사랑의 솜씨
07	구원의 대답은 그럼에도

구원의 대답은 그럼에도

ⓒ 이광호 2021

초판 발행　　　2021년 12월 18일

지은이　　　이광호
발행인　　　이광호
편집　　　이광호
디자인　　　이광호

펴낸곳　　　별빛들(Byeolbitdeul)
출판등록　　　2016년 8월 10일 제 2016-000022호
전자우편　　　lgh120@naver.com
홈페이지　　　www.byeolbitdeul.com

ISBN 979-11-89885-99-1

- 본 도서의 모든 권리는 이광호에게 있습니다.
- 저작권법에 의해 보호를 받는 저작물이므로 무단 복제와 전재를 금합니다.
- 잘못 인쇄된 책은 구입처에서 바꾸어 드립니다.
- 책값은 뒤표지에 있습니다.